AF303894

Der Fels

und Seine

Steine

Der Christus
und Seine
Ekklesia

Für die Bibeltexte wird die Elberfelder Übersetzung Edition CSV verwendet.

<u>Weitere Bücher des Verfassers:</u>
ISBN: 9 783739 221168: „Von Christus getragen ...".
ISBN: 9 783739 222790: „Die 11 Gewürze der Bibel, ...".
ISBN: 9 783739 219936: „Die Musikinstrumente der Bibel ...".
ISBN: 9 783753 420073: „Der Glaube, die Taufe, der Christ".
ISBN: 9 783753 420349: „Die Schöpfung in Frage stellen?"
ISBN: 9 783769 358223: „Der Fels und sein Stein
Der Christus und Seine Ekklesia"

Vorwort

Die Bibel hat nicht ihren Ursprung
in der Philosophie und Phantasie irgendeines Menschen,
sie ist keine andere Form einer Religion,
auch ist sie nicht eine Art Medium.

Die Bibel ist einzigartig, sie ist göttlichen Ursprungs
zum Heil und Segen bußfertiger Sünder,
und zur Ermunterung und Ermahnung aller Kinder Gottes,
und zur Auferbauung der Versammlung des lebendigen Gottes!

Die Bibel bildet eine widerspruchslose, eine vollkommene Einheit!

Im Alten Testament ist das Neue verborgen;
im Neuen Testament ist das Alte aufgeschlossen.

Die Bibel ist Gottes Wort

Die Bibel ist das Wort Gottes an uns Menschen. Gott, der den Menschen geschaffen hat, weiß allein was der Mensch zum sinnerfüllten Leben braucht: Er braucht Gemeinschaft mit *Ihm* persönlich! Wer Gott nicht hat, hat das Leben nicht, wer das Leben aus Gott nicht hat, ist tot, geistlich tot! In Seiner so überschwänglichen Gnade und Barmherzigkeit erbarmt sich Gott und hilft dem von Ihm getrennten Geschöpf dennoch mit individuellem Vermögen, Gaben und verschiedenen Fähigkeiten. Und bei all dem gibt Er sich auch in der Gesamtheit Seiner Schöpfung als real existierend zu erkennen (Rö 1,25) und ein seit dem Sündenfall (1. Mo 3,9-10) aktives Gewissen bezeugt ebenfalls die Existenz Gottes (Rö 2,15). Als drittes offenbart sich Gott in Seinem Wort der Wahrheit.

Die Bibel ist ein besonderes Buch. Obwohl sie aus 66 einzelnen Büchern besteht und mindestens 40 Schreiber über einen Zeitraum von ca. 1.500 Jahren an ihrer Entstehung mitgewirkt haben und deren

Schreiber z.T. bis zu 1.000 km Entfernung voneinander gelebt hatten, ist sie inhaltlich wie aus einem Guss. Denn Gott ist ihr wahrer Autor.

Die Bibel ist von Gott inspiriert – von Ihm „eingehaucht" (griech. θεόπνευστος = transkribiert = *theopneustos*, d.h. Gott-atmet, gottgehaucht).

Während es kein direktes hebräisches Äquivalent zu „*theopneustos*" gibt, ist das Konzept der göttlichen Inspiration in der hebräischen Bibel vorhanden. Zum Beispiel wird das hebräische Wort רוח , transkribiert = *rûach*, was „Geist" oder „Atem" bedeutet, oft mit Gottes kreativer und lebensbegehrender Kraft in Verbindung gebracht, wie in 1.Mose 1,2 und Hesekiel 37,9.

Der Begriff „*theopneustos*" wird verwendet, um etwas zu beschreiben, das göttlich inspiriert oder vom Atem Gottes gegeben wird. Im Kontext der Bibel bezieht er sich ausdrücklich auf die Schrift, die von Gott inspiriert ist, und zeigt, dass sie nicht nur menschliche Worte ist, sondern von göttlicher Autorität und Wahrheit durchdrungen ist.

Die Heilige Schrift, also auch jedes einzelne Wort darin, ist von Gott eingegeben – doch das nicht als Diktat, sondern indem Gott die einzelnen Schreiber mit ihrem Stil, ihrem Charakter und in ihren jeweiligen Lebensumständen benutzt hat.

Die Bibel enthält nicht nur Gottes Worte, sondern sie *ist* Gottes Wort.
In Johannes 1,1.14 wird das Wort Gottes (griechisch „*theos logos*") personalisiert und in Offenbarung 19,13 ist „*logos theos*" der Name des Christus.

Weil Gott selbst der Autor ist, ist die Bibel unfehlbar und besitzt uneingeschränkte Autorität. Ohne die Intelligenz, die Individualität, den literarischen Stil oder die persönlichen Gefühle der menschlichen Verfasser zu beeinträchtigen, leitete Gott in übernatürlicher Weise das Niederschreiben der heiligen Schriften, so dass sie in vollkommener Genauigkeit Seine allumfassende und unfehlbare Offenbarung an den Menschen wiedergeben. Wenn Gott selbst die Schriften geschrieben hätte, so wäre das geschriebene Wort nicht genauer und nicht von mehr Autorität getragen, als es jetzt der Fall ist.

| Apostelgeschichte 1,16 | Es musste die Schrift[1] erfüllt werden, die der Heilige Geist durch den Mund Davids vorhergesagt hat über Judas, der denen, die Jesus griffen, ein Wegweiser geworden ist. |

| 1. Korinther 2,12-13 | *Wir* aber haben nicht den Geist[1] der Welt empfangen, sondern den Geist[3], der aus Gott ist, damit wir die Dinge kennen, die uns von Gott geschenkt sind; die wir auch verkündigen, nicht in Worten, gelehrt durch menschliche Weisheit, sondern in Worten, gelehrt durch den Geist[3], mitteilend geistliche Dinge durch geistliche Mittel. |

| 2. Timotheus 3,16 | Alle Schrift[2] ist von Gott eingegeben[3] und nütze zur Lehre, zur Überführung, zur Zurechtweisung, zur Unterweisung in der Gerechtigkeit. |

| 2. Petrus 1,20-21 | Denn die Weissagung wurde niemals durch den Willen des Menschen hervorgebracht, sondern heilige Männer Gottes redeten, getrieben[4] vom Heiligen Geist. |

Gott benutzt gerne und oft – besonders im AT – Metaphern und Symbole, um etwas anschaulicher und lebendiger darzustellen und zu offenbaren. Dieses Konzept hilft, komplexe Wahrheiten leichter verständlicher zu machen, sie einprägsamer zu vermitteln und auch Emotionen zu wecken.

Dieses gottgewollte Konzept finden wir deutlich bei dem uns vorliegendem Thema: Der Fels.

---

[1] „Geist" = „*pneuma*" = der rationale Teil, die Kraft, mit der ein Mensch fühlt, denkt, will und entscheidet; der rationale Teil um göttliche und ewige Dinge wahrzunehmen und zu begreifen, und auf die der Geist Gottes seinen Einfluss ausübt; „*Pneuma* ist das Höchste und Edelste am Menschen, das ihn befähigt, das Unfassbare, Unsichtbare, Ewige zu erfassen; kurz, es ist das Haus, wo Glaube und Gottes Wort zu Hause sind" (Zitat: Luther).

[2] „Schrift" = „*graphé*" = die kleinste graphische Einheit eines Schriftsystems oder eines schriftähnlichen Zeichensystems. In der Regel handelt es sich um einen Buchstaben oder ein sonstiges einzelnes Schriftzeichen.

[3] „Eingegeben" = *theopneustos*.

[4] „Getrieben werden" = „*pherō*" = „durch den Geist innerlich getrieben werden".

Einleitung

Der Fels

„Der Fels" in der Heiligen Schrift stellt viel mehr dar als nur ein physisches Objekt. Wegen der Unveränderlichkeit eines Felsens bezeichnet die Bibel oftmals Gott als einen Fels. Im AT dient das Wort in dieser Beziehung als eindringliche Erinnerung, dass Gott das einzige und wahre und feste Fundament denen ist, die Ihm vertrauen und es erinnert ebenso an Sein unveränderliches Wesen. Er ist der Ausgangspunkt alles Seins. Und Er ist derjenige, der Leben in sich selbst hat und sich nicht verändert, Er ist Derselbe!

Im Hebräischen, Aramäischen und Griechischen werden verschiedene Worte für „Fels(en)" verwendet und, wenn auch seltener, mit „Stein" oder „Kiesel" übersetzt.

Im A.T. werden hauptsächlich zwei Wörter für „Fels(en)" verwendet. Das eine Wort ist צר צור (transkribiert *tsûr*), es hat 78 Vorkommnisse, das andere ist סלע (transkribiert *sela'*), es hat 59 Vorkommnisse.

> Psalm 18,3
> Der HERR ist mein **Fels** („*sela'*") und meine Burg und mein Erretter; mein Gott, mein **Hort** („*tsûr*"), bei ihm werde ich Zuflucht suchen, mein Schild und das Horn meines Heils, meine hohe Festung.

> 5. Mose 32,12-13
> So leitete ihn der HERR allein, und kein fremder Gott war mit ihm. Er ließ ihn umherfahren auf den Höhen der Erde, und er aß den Ertrag des Feldes; und er ließ ihn Honig saugen aus dem *Felsen* („*sela'*") und Öl aus dem *Kieselfelsen* („*tsûr*").

> Psalm 71,3
> Sei mir ein **Fels** („*tsûr*") zur Wohnung, um stets dahin zu gehen! Du hast geboten, mich zu retten, denn du bist mein **Fels** („*sela'*") und meine Burg.

„Felsen" im AT

kêph

Ein Wort für „Fels" ist כֵּף (transkribiert *kêph*). Es wird zweimal benutzt. Der Begriff hat keinen Gottesbezug.

> Hiob 30,6
> In grausigen Klüften müssen sie wohnen, in Erdlöchern und **Fel-senhöhlen.**

> Jeremia 4,29
> Vor dem Geschrei der Reiter und der Bogenschützen flieht jede Stadt: sie gehen ins Dickicht und ersteigen die **Felsen**; jede Stadt ist verlassen, und kein Mensch wohnt darin.

Mit „*kêph*" wird eine natürliche Felsformation, Felsenhöhlen oder Klippen mit konkaver Beschaffenheit beschrieben. Sie boten Versteck, Schutz, Sicherheit und Geborgenheit. Ein Stein hiervon oder ein gewöhnlicher konkaver Naturstein, wurde auch „*kêph*" genannt.

Das hebräische Wort ist ein aramäisches Lehnwort, das abgeleitet wurde von „*kâphaph*"[5]. Die Wortwurzel hat die Bedeutung „aushöhlen" und „beugen, verbeugen, sich niederwerfen, biegen, krümmen". „*Kâphaph*" betont die Bedeutung von Demut und Unterwerfung des Menschen vor Gott.

tsôr

Das Hebräische צַר (transkribiert *tsôr*) wird ebenfalls zweimal benutzt:

„*Tsôr*" hat die gleiche Wortwurzel wie „*tsûr*", mit der Bedeutung „belagern, bedrängen, befeinden, einengen".

---

2. Mose 4,24-26]
Und es geschah auf dem Weg, in der Herberge, da fiel der HERR
ihn an und suchte ihn zu töten. Da nahm Zippora einen **scharfen
Stein** und schnitt die Vorhaut ihres Sohnes ab und warf sie an
seine Füße und sprach: Ein Blutbräutigam bist du mir! Da ließ er
von ihm ab. Damals sprach sie „Blutbräutigam" der Beschneidung wegen.

Hesekiel 3,8-9
Siehe, ich habe dein Angesicht hart gemacht gegenüber ihrem
Angesicht, und deine Stirn hart gegenüber ihrer Stirn; wie einen
Diamant, der härter ist als ein **Fels**, habe ich deine Stirn ge-
macht. Fürchte sie nicht und erschrick nicht vor ihrem Angesicht,
denn ein widerspenstiges Haus sind sie.

Unter diesem Wort versteht man einen harten scharfen Stein, meistens
einen Feuerstein, der als Messer diente. Hier schwingt der Gedanke
der Nützlichkeit eines Gebrauchsgegenstandes mit. Nicht gemeint ist
ein Messer zum Zubereiten von Speisen oder bei Schlachtungen oder
Opferritualen.

tsûr

Das hebräische „*tsûr*" ist eine Felswand, eine steile Klippe, eine felsige
Anhöhe, eine Felsenkluft / -spalt, ein Felsen mit ebener Oberfläche
oder ein Felsbrocken als Altar. Das Wort wird verwendet, um natürliche
Formationen zu beschreiben, die fest und beständig sind und häufig als
Orientierungspunkte oder Orte der Sicherheit dienen.

2. Mose 33,21-22
Und der HERR sprach: Siehe, es ist ein Ort bei mir, da sollst du
auf dem **Felsen** stehen. Und es wird geschehen, wenn meine
Herrlichkeit vorübergeht, so werde ich dich in die **Felsen**kluft
stellen und meine Hand über dich decken, bis ich vorübergegan-
gen bin.

„Tsûr" hat die gleiche Wortwurzel wie *„tsôr"*, mit der Bedeutung „belagern, bedrängen, befeinden, einengen".

Nur in Josua 5,2-3 wird das Wort mit „scharfer Stein" bzw. „Steinmesser" übersetzt, wo es um die von Gott als Gesetz gegebene Sache der Beschneidung geht. Die Unterscheidung zwischen den zwei verwandten Worten ist: Bei *tsôr* gab es das mosaische Gesetz vom Sinai noch nicht, es ging um die Handlung, um den Nutzen an sich.

Eine Gottheit wird auch als *tsûr* bezeichnet (auch als Eigenname), sowohl der HERR, der Gott Israels (5. Mo 32,4.31) als auch eine heidnische Gottheit (5. Mo 32,31.37). *„Tsûr"* ist auch der Fluchtort wo sich Gottlose sicher wähnen (Jes 2,19.21).
Andere Übersetzungen sind „Hort" (Ps 18,3), „Kies" (Hi 22,24) und „Schärfe" (Ps 89,44).

Der HERR ließ Seinen Propheten Jesaja zukünftiges wissen, das er aufschreiben sollte. Seine Botschaft geht auf Christus hin, in Seiner Eigenschaft als „Fels", über den Israel und Juda stürzen werden:

> Jesaja 8,14; (Rö 9,33; 1. Pet 2,8)
> Und er wird zum Heiligtum sein, aber zum Stein[6] des Anstoßes
> und zum **Fels** (*„tsûr"*) des Stürzens den beiden Häusern Israels,
> zur Schlinge und zum Fallstrick den Bewohnern von Jerusalem.

„Tsûr" symbolisiert oft Stärke, Stabilität und Schutz bei Gott als der Zufluchtsort. Er ist die Festung und die Sicherheit für Sein Volk Israel. Damit zeichnet Er sich als unveränderlich in Seiner Natur aus: Er ist verlässlich und beständig, unerschütterlich, Er ist der Orientierungspunkt in all dem irdischen Chaos.

> 5. Mose 32,3-4
> Den Namen des HERRN will ich ausrufen:
> Gebt Majestät unserem Gott!
> Der **Fels**:
> vollkommen ist sein Tun;
> denn alle seine Wege sind recht.

---

[6] Hebräisch „*'eben*"

Ein Gott[7] der Treue und ohne Trug,
gerecht und gerade ist er!

Jesaja 26,3-4
Den festen Sinn bewahrst du in Frieden, in Frieden; denn
er (Juda) vertraut auf dich. Vertraut auf den HERRN ewiglich;
denn in Jah[8], dem HERRN, ist ein **Fels** der Ewigkeiten.

Erstmalig finden wir *„tsûr"* in 2. Mose 17,6:

2. Mose 17,1-7
Und die ganze Gemeinde der Kinder Israel brach auf … und sie
lagerten sich in Rephidim; und da war kein Wasser zum Trinken
für das Volk. Und das Volk haderte[9] mit Mose, und sie sprachen:
Gebt uns Wasser, dass wir trinken! Und Mose sprach zu ihnen:
Was hadert ihr mit mir? Was versucht ihr den HERRN[10]? Und das
Volk dürstete dort nach Wasser, und das Volk murrte[11] gegen
Mose und sprach: Warum doch hast du uns aus Ägypten herauf-
geführt, um mich und meine Kinder und mein Vieh vor Durst
sterben zu lassen? Da schrie Mose zu dem HERRN und sprach:
Was soll ich mit diesem Volk tun? Noch ein wenig, und sie stei-
nigen mich. Und der HERR sprach zu Mose: Geh hin vor dem

---

[7] Hebräisch „*êl*".

[8] Hebräisch *„yâhh"* = Kurzform von *„yehôvâh"*. Es ist eine poetische und emphatische Form des Gottesnamens, die seine Majestät und Souveränität hervorhebt. Der Name wird oft mit Anbetung und Lobpreis in Verbindung gebracht und spiegelt Ehrfurcht gegenüber Gott wider.

[9] Hebräisch „*rîyb*" oder „*rûb*": d.h. „rechten, streiten, disputieren, tadeln, hadern, Rechtsstreit/-sache führen; mit jemandem oder etwas unzufrieden sein und das beklagen.

[10] Hebräisch *„yehôvâh"* = ist der Eigenname des Gottes Israels, mit dem Er schon in 1. Mo 2,4 vorgestellt wird und sich selbst als der *„Ich bin, der ich bin"* dem Mose vorstellte (2. Mo 3,14-15). Der Name bedeutet „der Seiende, der Selbstexistierende, der Unwandelbare, Ewige, Unveränderliche, Beständige, der Bundestreue. Damit bringt Gott zum Ausdruck: Das was ich euch sein werde – was ich verheißen habe und was ihr erwartet –, als das will ich mich sicherlich erweisen. Er ist der gnädige Befreier und gerechte Bundespartner des erwählten Volkes und zugleich der Schöpfer, Bewahrer, Richter und Erlöser der ganzen Welt. Der Name wird im AT > 6500-mal genannt.

[11] Herbräisch *„lûwn"* oder *„lîyn"*: „übernachten, murren, klagen, dauerhaft bleiben (in diesem Zustand „dürsten"); daher (im schlechten Sinne) stur sein (insbesondere in Worten, sich beschweren, Auflehnung mit brummender Stimme, murmeln, seine Unzufriedenheit mit unfreundlichen Worten zum Ausdruck bringen): – (die ganze Nacht) ausharren, ertragen, grollen, verweilen, ertragen.

Dieser starke Gott ist treu – Er kann sich nicht verleugnen. Er schloss einst mit Abram/Abraham einen bindungslosen Gnadenbund, den Er gegenüber Isaak und Jakob bestätigte und erweiterte und treu erfüllte. Mit „starker Hand und ausgestrecktem Arm" errettete Er Sein Israel aus der Hand der Ägypter und erlöste sie aus dem „Haus der Knechtschaft" (2. Mo 3,6-8; 5. Mo 4,34). Mächtige Zeichen und Wunder hat Israel gesehen und jeder persönlich erlebt – und doch murren und hadern sie gegen Mose und somit gegen Gott.

Immer und immer wieder setzt Gott ein bildhaftes Zeichen um Seinen Heilsratschluss, den es ohne die Person des Christus gar nicht geben würde, Stück für Stück zu entfalten. Ohne Christus wäre die ganze Schöpfung ohne Sinn und Ziel, es gäbe nichts und niemanden – Gott wäre für sich allein geblieben:
Bei Adam und Eva musste wegen deren Sünde ein Stellvertreter sterben, Blut wurde vergossen (1. Mo 3,21);
bei Noah, dem Gerechten, leuchtet die errettende Gnade auf, doch das gerechte Gericht kam wie vorhergesagt über die gottlose Menschheit (1. Mo 6-8);
bei Abraham siegte der Glaube über den Tod, der Vater „opferte" seinen Sohn Isaak, wenn dem Jungen auch gar nichts zuleide getan wurde, Gott sieht das Herz und anerkannte den Glaubensgehorsam und die Tat als vollendet (1. Mo 22,1-19; Heb 11,17);

---

[12] Hebräisch „*massâh*" d.h. Versuchung.
[13] Hebräisch „merîybâh" d.h. Hader, Streit.

Joseph wurde von seinen Brüdern verraten und verkauft und für tot erklärt, doch Gott machte ihn zum Zaphnat-Pahneach, d.h. „Retter der Welt" oder „Erhalter des Lebens" (1. Mo 37-41ff).

Das seit 400 Jahren versklavte und in der Sünde der ägyptischen Götter- und Götzenkulte und der Pharaonenverherrlichung involvierte Hebräervolk Israel, wurde auf die wundersamste Art und Weise nach dem Willen Gottes dort heraus errettet (2. Mo 3 ff).

All diese Dinge wissend und große Zeichen und Wunder Gottes erlebend, hadert und murrt das Volk wieder und wieder, jetzt in Rephidim. Und wieder setzt Gott ein richtungsweisendes Zeichen: der Felsen musste *einmal* geschlagen werden und für das Volk Gottes kamen „Zeiten der Erquickung vom Angesicht des Herrn", „Er gibt dem Dürstenden aus der Quelle des Wassers des Lebens umsonst" (Apg 3,20; Off 21,6).

> 1. Korintherbrief 10,4
> Der Fels (griech. *„petra"*) aber war der Christus.

Das letzte Vorkommnis finden wir in

> Habakuk 1,12-13
> Bist du nicht von alters her, HERR, mein Gott[14], mein Heiliger[15]? Wir werden nicht sterben. HERR, zum Gericht hast du es gesetzt, und, o **Fels**, zur Züchtigung es bestellt. Du bist zu rein von Augen, um Böses zu sehen, und Mühsal vermagst du nicht anzuschauen.

Der Prophet Habakuk nennt seinen Gott namentlich „Fels" (*„tsûr"*). Damit drückt er aus: Du bist mächtig und stark, der Unveränderliche, Beständige. Du hast es gesagt, du hast es getan.

---

[14] Griech. *„ĕlôhîym"* (ist der Plural von *„ĕlôahh"*) = „der Mächtige, der Starke; der Erste, der vorn ist". Die Pluralform weist hin auf die Gesamtheit aller natürlichen Herrlichkeiten Gottes in ihrer Breite und Länge und Tiefe und Höhe; Verben und Adjektive werden bei Ihm aus diesem Grund im Singular verwendet. *„ĕlôhîym"* beschreibt auch anderer Götter oder Gottheiten und menschliche Autoritäten werden so bezeichnet, um ihre Rolle als Vertreter der göttlichen Gerechtigkeit zu betonen. Der Name wird im AT > 2500-mal genannt.

[15] Hebräisch *„qâdôsh"* = Heilig, gottgeweiht, abgesondert, getrennt von menschlicher Schwäche, Unreinheit, Sünde und Gebrechlichkeit; (Vorkommnisse AT: 117). Der Begriff der Heiligkeit, ist zentral für die biblische Erzählung und spiegelt das Wesen Gottes und seinen Ruf an sein Volk wider, auf eine Weise zu leben, die seinen Charakter widerspiegelt (3. Mo 11,44-45; 20,7; griech. Äquivalent *„hagios"*, 1. Pet 1,16; Off 14,12).

Das irdische 12-Stämme Volk Gottes; Israel, hat nach „hadern" und „murren" nicht aufgehört gegen Gott zu sündigen; sie ergaben sich hemmungslos, mehr und mehr dem Götzendienst mit all seinen schrecklichen Gräuel und Freveln. – Doch Gott ist treu! – Es ist Sein geliebtes Israel! Er will es zu sich zurückholen. – In Seinen Erziehungswegen bedient Er sich zunächst des Assyrers gegen das 10-Stämme Reich, jetzt Israel genannt oder auch Ephraim bzw. Samaria nach der Hauptstadt. Rd. 130 Jahre später bedient Er sich der Chaldäer/Babylonier unter der Führung Nebukadnezars gegen das 2-Stämme Reich Juda und Benjamin, auch nur Juda genannt. Diese Völker sind Seine „Zuchtrute", Seine „Gerichtswerkzeuge".

> Habakuk 1,5-7
> Seht unter den Nationen und schaut und erstaunt, staunt; denn ich wirke ein Werk in euren Tagen – ihr würdet es nicht glauben, wenn es erzählt würde. Denn siehe, ich erwecke die Chaldäer, das grimmige und ungestüme Volk, das die Breiten der Erde durchzieht, um Wohnungen in Besitz zu nehmen, die ihm nicht gehören. Es ist schrecklich und furchtbar; sein Recht und seine Hoheit gehen von ihm aus.

Schon die Propheten Jesaja und Jeremia u.a. ermahnten und warnten das Volk:

> Jesaja 10,5-11
> He! Assyrer, Rute meines Zorns! Und der Stock in seiner Hand ist mein Grimm. Gegen eine gesetzlose Nation werde ich ihn senden und gegen das Volk meines Grimmes ihn entbieten, um Raub zu rauben und Beute zu erbeuten und es der Zertretung hinzugeben gleich Straßenkot. Er aber meint es nicht so, und sein Herz denkt nicht so; sondern zu vertilgen hat er im Sinn und auszurotten nicht wenige Nationen. Denn er (der Assyrer) spricht: Sind nicht meine Fürsten allesamt Könige? Ist nicht Kalno wie Karchemis? Nicht Hamat wie Arpad? Nicht Samaria wie Damaskus? So wie meine Hand die Königreiche der Götzen erreicht hat, – und ihre geschnitzten Bilder waren mehr als die von Jerusalem und von Samaria – werde ich nicht, wie ich Samaria und seinen Götzen getan habe, ebenso Jerusalem und seinen Götzen tun?

Jeremia 25,7-11

Darum, so spricht der HERR der Heerscharen: Weil ihr auf meine Worte nicht gehört habt, siehe, so sende ich hin und hole alle Geschlechter des Nordens, spricht der HERR, und sende zu Nebukadnezar, dem König von Babel, meinem Knecht, und bringe sie über dieses Land und über seine Bewohner und über alle diese Nationen ringsum; und ich will sie vertilgen und sie zum Entsetzen machen und zum Gezisch[16] und zu ewigen Einöden. Und ich will unter ihnen aufhören lassen die Stimme der Wonne und die Stimme der Freude, die Stimme des Bräutigams und die Stimme der Braut, das Geräusch der Mühlen und das Licht der Lampe. Und dieses ganze Land wird zur Einöde, zur Wüste werden; und diese Nationen werden dem König von Babel dienen 70 Jahre.

Nachdem der HERR Seinem Propheten in dieser Vision gezeigt hat, dass Er auch in Seinen Gerichten vollkommen, treu und gerecht ist, lässt Er ihn wissen:

Habakuk 2,4

Siehe, die verdiente Strafe für den, der nicht aufrichtig ist![17]
<u>Der Gerechte aber wird durch seinen Glauben leben</u>[18].

Habakuk soll das alles aufschreiben und öffentlich machen, damit jeder es lesen kann und niemand Zeit verliert diese Botschaft ernst zu nehmen. Die Vision erstreckt sich bis zum Ende hin, d.h. sie gibt einen Hinweis auf das 1000-jährige Reich. Gott richtet nicht nur Sein abtrünniges Eigentumsvolk, Er reinigt und heiligt es und stellt es wieder her. Er richtet auch vernichtend die ruchlosen Assyrer und Chaldäer, die weit über das göttlich vorgegebene Maß hinaus Gräuel und Freveltaten verübten und ihre „Erfolge" ihren Göttern und sich selbst zusprachen. Letztlich werden alle gottlosen Anführer aus Juden und Heiden dem gerechten Gericht anheimfallen:

---

[16] Hebräisch „*sherêqâh*", = zum Spott, Hohn, Verachtung.
[17] Oder: aufgeblasen, nicht aufrichtig ist in ihm seine Seele!
[18] Rö 1,17; Gal 3,11; Heb 10,38

Die Gottlosen sind wie das aufgewühlte Meer, denn es kann nicht ruhig sein, und seine Wasser wühlen Schlamm und Kot auf. Kein Friede den Gottlosen!, spricht mein Gott.

Die Sicht des Propheten endet:

Habakuk 2,14.20
Die Erde wird voll werden von der Erkenntnis der Herrlichkeit des HERRN, so wie die Wasser den Meeresgrund bedecken. ... Der HERR ist in seinem heiligen Palast – schweige vor ihm, ganze Erde! ...

sela'

Das hebräische *„sela'"* bezeichnet eine Felsenregion, ein Gipfelplateau eines schroffen, zerklüfteten Felsens oder einen Felszacken, mit der Bedeutung „erhaben sein". Es symbolisiert wörtlich oder bildlich eine natürliche Festung, eine natürliche Fluchtburg, einen starken Halt, Stärke, Zufluchtsort/Versteck, eine Erhöhung der Kraft, Sicherheit, unbeweglich.

Es wird häufig für den HERRN verwendet: „Der Herr ist mein **Fels** und meine Burg und mein Erretter"; „Er hat meine Füße auf einen **Felsen** gestellt, meine Schritte befestigt" (Ps 18,3; 40,3).

Den Begriff *„sela'"* finden wir auch als eine in eine Felswand gehauen Begräbnisstätte (Jes 22,16), als Wohnstätte wilder Tiere (Hiob 39,28; Ps 104,18; Spr 30,26), als hohe Felsspitze (1. Sam 14,4-5; Hiob 39,28) und als Symbol der Hartnäckigkeit (Jer 5,3; Ob 3).

Erstmalig finden wir *„sela'"* in 4. Mose 20,8:

4. Mose 20,1-13
Und die Kinder Israel, die ganze Gemeinde, kamen in die Wüste Zin, ... Und es war kein Wasser da für die Gemeinde, und sie versammelten sich gegen Mose und gegen Aaron. Und das Volk haderte mit Mose, und sie sprachen und sagten: Wären wir doch

umgekommen, als unsere Brüder vor dem HERRN umkamen! Und warum habt ihr die Versammlung des HERRN in diese Wüste gebracht, dass wir dort sterben, wir und unser Vieh? Und warum habt ihr uns aus Ägypten heraufgeführt, um uns an diesen bösen Ort zu bringen? Es ist kein Ort ..., und kein Wasser ist da zu trinken.

Und Mose und Aaron gingen von der Versammlung weg zum Eingang des Zeltes der Zusammenkunft und fielen auf ihr Angesicht; und die Herrlichkeit des HERRN erschien ihnen. Und der HERR redete zu Mose und sprach: Nimm den Stab und versammle die Gemeinde, du und dein Bruder Aaron, und *redet* vor ihren Augen zu dem **Felsen**, so wird er sein Wasser geben; und du wirst ihnen Wasser aus dem **Felsen** hervorbringen und die Gemeinde tränken und ihr Vieh. Und Mose nahm den Stab vor dem Herrn weg, so wie er ihm geboten hatte. Und Mose und Aaron versammelten die Versammlung vor dem **Felsen**; und er sprach zu ihnen: Hört doch, ihr Widerspenstigen! Werden wir euch Wasser aus diesem **Felsen** hervorbringen? Und Mose erhob seine Hand und *schlug* den **Felsen** mit seinem Stab *zweimal*; da kam viel Wasser heraus, und die Gemeinde trank und ihr Vieh. Da sprach der HERRN zu Mose und zu Aaron: Weil ihr mir nicht geglaubt habt, mich vor den Augen der Kinder Israel zu heiligen, darum sollt ihr diese Versammlung nicht in das Land bringen, das ich ihnen gegeben habe. Das ist das Wasser von Meriba[19], wo die Kinder Israel mit dem Herrn haderten und er sich an ihnen heiligte.

Mose, der hebräische Mann, ein Levit, gehörte einem in Ägypten versklavten Volk an. Von der Tochter des Pharao adoptiert, wurde er Jahrzehnte am Königshof erzogen und in aller Weisheit der Ägypter unterwiesen. Das war ganz sicher für ihn ein großes Spannungsfeld. Ist er Hebräer oder Ägypter? Zu wem gehört er? Dieser seelische Konflikt entlädt sich gewaltsam. Die Bibel berichtet ungeschönt, dass Mose einen Meuchelmord beging. Vorsätzlich ermordete er auf heimliche, hinterhältige Weise einen Menschen und verscharrte die Leiche.

---

[19] Oder das Haderwasser, oder Streitwasser

2. Mose 2,12; Apostelgeschichte 7,23-24
Und er wandte sich dahin und dorthin, und als er sah, dass kein Mensch da war, erschlug er den Ägypter und verscharrte ihn im Sand.

Nach 40 Jahren in der Schule Gottes als Schafhirte konnte der HERR ihm dann dieses Zeugnis ausstellen:

4. Mose 12,3.7-8
Der Mann Mose aber war sehr sanftmütig, mehr als alle Menschen, die auf dem Erdboden waren. ... Da sprach der HERR: ... mein Knecht Mose. Er ist treu in meinem ganzen Haus; mit ihm rede ich von Mund zu Mund, und deutlich und nicht in Rätseln, und das Bild des HERRN schaut er (vgl. Heb 12,2.5).

Hier, in dem vor uns liegenden Ereignis in 4. Mose 20, erlebte Mose wieder großes Unrecht durch das erlöste Volk, das sich aber mit verhärteten Herzen und Nacken, Unglauben und Sünde gegen Gott erhob. Und er verlor noch einmal die Beherrschung: er schlug den Felsen und das zweimal. Seine Tat war unrecht, ungehorsam gegen das Wort Gottes, Mose sollte zu dem Felsen sprechen.

Psalm 106,32-33
Und sie erzürnten ihn (Gott) an dem Wasser von Meriba, und es erging Mose übel ihretwegen; denn sie reizten seinen Geist, so dass er unbedacht redete mit seinen Lippen.

Das letzte Vorkommnis finden wir in

Obadja, Vers 3
Der Übermut deines (d.i. Edom) Herzens hat dich verführt, der du in den Schlupfwinkeln der **Felsen**, auf hohem Sitz wohnst und in deinem Herzen sprichst: Wer wird mich zur Erde hinabstürzen?

Die Edomiter sind Nachfahren Esaus, des Zwillingsbruders von Jakob. Sie sind also ein Brudervolk der Israeliten, sogar das erste, somit das älteste. Sie hatten ihren Wohnsitz auf dem Gebirge Seir (1. Mo 36). Hier wähnten sie sich sicher.

Jeremia 49,7-22

Über Edom: ... Deine Furchtbarkeit und der Übermut deines Herzens haben dich verführt, der du in **Felsen**klüften wohnst, den Gipfel des Hügels innehast. Wenn du dein Nest hoch baust wie der Adler, ich werde dich von dort hinabstürzen, spricht der HERR.

Sie verweigerten sich als Hilfe zur Zeit der Wüstenwanderung und bedrohten ihre Brüder kriegerisch (4. Mo 20).
Sie hassten das Volk Gottes mit unerbittlichem Hass (Hes 35).
Von Seir aus führten sie erbarmungslos Krieg gegen Israel, sie nahmen Juden gefangen und verkauften sie als Sklaven und kauften sie von anderen Feinden Israels (Am 1,6) um sie sich selbst zu versklaven.
Unbändige Freude hatte Edom, als Juda in die babylonische Gefangenschaft kam. Der Prophet Obadja greift diese Schadenfreude auf und kündigt das endgültige Gericht der Edomiter an: kein Überrest wird erhalten bleiben, als ein Volk wird ihnen völlig der Garaus gemacht.

Obadja 11-14

An dem Tag, da du gegenüber standest, an dem Tag, da Fremde sein Vermögen wegführten und Ausländer zu seinen Toren einzogen und über Jerusalem das Los warfen, da warst auch du wie einer von ihnen. Und du solltest nicht auf den Tag deines Bruders sehen am Tag seines Missgeschicks und dich nicht freuen über die Kinder Juda am Tag ihres Untergangs, noch dein Maul aufsperren am Tag der Bedrängnis; du solltest nicht in das Tor meines Volkes einziehen am Tag seiner Not und du, auch du nicht auf sein Unglück sehen am Tag seiner Not, noch deine Hand ausstrecken nach seinem Vermögen am Tag seiner Not; und du solltest nicht am Kreuzweg stehen, um seine Flüchtlinge zu vertilgen, und solltest seine Entkommenen nicht ausliefern am Tag der Bedrängnis.

Das nach Babylon verschleppte Volk Gottes klagt darüber vor dem HERRN:

Psalm 137,7

Gedenke, HERR, den Kindern Edom den Tag Jerusalems, die sprachen: Entblößt, entblößt sie bis auf ihre Grundfeste!

Der HERR antwortet:

Wie Gott Sein Volk führt und leitet, welcher Mittel Er sich bedient um sie zu sich zu ziehen, mit Güte und mit Strenge, das ist Ausdruck Seines Willens und Seiner Souveränität. Er ist der HERR!

Das Volk Gottes muss bei all dem durch Unglauben und Ungehorsam und somit durch selbstverschuldetes Leid nicht hoffnungslos sein. Über die Jahrhunderte und Jahrtausende hinweg öffnet der HERR ihnen in Seiner Liebe immer wieder einen herrlichen Horizont, das Ziel all Seines Strebens: Er will geben, Gott ist gut!

---

[20] Es war schon vorhergesagt worden, dass der Ältere dem Jüngeren dienen wird, schon bevor beide geboren waren, ehe sie schon Böses oder Gutes tun konnten: das war Gottes Souveränität. Aber es war nicht vorhergesagt worden, dass Gott den Esau hassen wird, dies wird bis zum Ende des AT nicht erwähnt. Dies wird erst gesagt, nachdem Esau in seinen Nachkommen seine unbarmherzige Feindschaft gegen Israel gezeigt hat, und nachdem Esau persönlich lange vorher schon das Geschenk Gottes, sein Erstgeburtsrecht, verachtet hat. (Quelle: Bibellexikon)

Die Unterscheidung von „*tsûr*" und „*sela'*"

Es sind immer wieder beglückende Augenblicke, wenn wir bei dem Studium des Wortes Gottes Unterscheidungen finden, die den einen wie auch den anderen Blick in die eine und andere Richtung lenken. Wir lernen, wie unfassbar exakt sich Gott in Seinem Wort ausdrückt, und nirgendwo gibt es einen Widerspruch, alles ist harmonisch aus einem Guss.

Im Deutschen sind „*tsûr*" und „*sela'*" ein und dasselbe Wort „*Fels(en)*. Doch die Bibel lehrt uns: Es sind zwei verschiedene Worte, die im Kontext auf unterschiedliches hinweisen:

> Psalm 78,15-16.20.35
> Er spaltete **Felsen** („*tsûr*") in der Wüste und tränkte sie reichlich wie aus Tiefen.
> Und er ließ Bäche hervorkommen aus dem **Felsen** („*sela'*") und Wasser herablaufen gleich Flüssen.
> Siehe, den **Felsen** („*tsûr*") hat er geschlagen, und Wasser flossen heraus, und Bäche strömten.
> Und sie gedachten daran, dass Gott ihr **Fels** („*tsûr*") sei, und Gott, der Höchste, ihr Erlöser.

Wenn wir „***tsûr***" lesen, zeigt uns das recht häufig eine konkrete Person die in den Vordergrund gestellt wird.

> Psalm 18,3
> Mein Gott[21], mein **Hort** („*tsûr*") bei ihm werde ich Zuflucht[22] suchen, mein Schild[23] und das Horn[24] meines Heils[25], meine hohe Festung[26].

---

[21] Hebräisch = *'êl* = „der Mächtige, der Starke".

[22] Hebräisch = châsâh , Schutz suchen, fliehen, sich anvertrauen, Hoffnung haben; es beinhaltet die aktive Entscheidung, sich auf Gottes Treue und Macht zu verlassen.

[23] Hebräisch = *māḡēn* , symbolisch für Beschützer.

[24] Hebräisch = *qeren* , Wortwurzel beutet „ausstrahlen". Ein Gipfel (eines Berges), ein Strahl (des Lichts); bildlich von Person; symbolisch für Stärke, Macht eines Befreiers.

[25] Hebräisch *yesha'* = Glück, Sicherheit, Befreiung, Rettung, Erlösung, Wohlergehen.

[26] Hebräisch = miẃgâb , leitet sich von „hoch sein", „erhaben sein" ab.

Gott selbst gewährt Zuflucht, Er selbst ist der Zufluchtsort; nur zu Ihm hin, Er ist alles.

Hiob 22,24
Hiob, ... lege das Golderz in den Staub und das Gold von Ophir unter den **Kies** der Bäche.

Unter den Kies verbergen, das ist der Ort an dem Hiob „Ungewissheit des Reichtums" (1.Tim 6,17) wegtun soll.

Psalm 89,44
Auch hast du zurückgewandt die **Schärfe** seines Schwertes, und hast ihn nicht bestehen lassen im Kampf;

Der HERR hatte dem David einen bedingungslosen Bund versprochen, dass aus seiner Nachkommenschaft der Messias hervorkommen und ein ewiges Königreich gründen wird. Doch die Nachkommen Davids reizten den HERRN mit Ungehorsam, Freveltaten und Gräuel. Da sie Gott verlassen hatten, verließ Er sie und versagte ihnen „die gewissen Gnaden Davids[27]". Er nahm ihnen das, worauf sie sich verließen: ihr Kampfkraft.

2. Mose 17,6
Mose, ... du sollst auf den **Felsen** schlagen.

1. Korintherbrief 10,4
Unsere Väter ... alle denselben geistlichen Trank tranken; denn sie tranken aus einem geistlichen Felsen, der sie begleitete.
Der Fels (griech.„*petra*") aber war der Christus.

Sacharja 13,7
Schwert, erwache gegen meinen Hirten und gegen den Mann, der mein Gefährte ist!, spricht der HERR der Heerscharen. Schlage den Hirten.

Römerbrief 6,10
Denn was er gestorben ist, ist er ein für allemal der Sünde gestorben.

---

[27] Jes 55,3 = zuversichtliche, unwandelbare Güte, Barmherzigkeit.
  Apg. 13,34 = vertrauenswürdige, zuverlässige Barmherzigkeiten.

Hebräerbrief 9,28
so wird auch der Christus, nachdem er *einmal* geopfert worden
ist, um vieler Sünden zu tragen, zum zweiten Mal denen, die ihn
erwarten, ohne Sünde erscheinen zur Seligkeit.

1. Petrusbrief 3,17-18
Denn es hat ja Christus einmal für Sünden gelitten, der Gerechte
für die Ungerechten, damit er uns zu Gott führe, getötet nach
dem Fleisch, aber lebendig gemacht nach dem Geist.

Dass Mose den Felsen ein einziges Mal schlagen sollte ist ein großarti-
ger Hinweis auf das Versöhnungswerk Christi. *Einmal* wurde der Sohn
Gottes an das Kreuz auf Golgatha „geschlagen", *einmal* musste Er
sterben und Er selbst hat Sein Leben gegeben, damit wir durch die
Gnade Gottes mittels des Glaubens ewiges Leben haben (Eph 2,8). Und
seitdem will Er

Offenbarung 21,6
den Dürstenden aus der Quelle des Wassers des Lebens geben
umsonst.

denn

Johannes 4,14-15
jeder, der von dem Wasser trinken wird, das *ich* ihm geben werde, den wird *nicht* dürsten in Ewigkeit; sondern das Wasser, das
ich ihm geben werde, wird in ihm eine Quelle Wassers werden,
das ins ewige Leben quillt.

Sacharja 12,10
Und ich werde über das Haus Davids und über die Bewohner
von Jerusalem den Geist der Gnade und des Flehens ausgie-
ßen; und sie werden auf mich blicken, den sie durchbohrt haben,
und werden über ihn wehklagen gleich der Wehklage über den
Einheimischen, und bitterlich über ihn leidtragen, wie man bitterlich über den Erstgeborenen leidträgt.

Hebräer 9,24-28
Denn der Christus ist nicht eingegangen ... damit er sich selbst
oftmals opferte, ... sonst hätte er oftmals leiden müssen von
Grundlegung der Welt an. Jetzt aber ist er *einmal* in der Vollen-

dung der Zeitalter offenbart worden zur Abschaffung der Sünde durch sein Opfer. Und ebenso wie es den Menschen gesetzt ist, *einmal* zu sterben, danach aber das Gericht, so wird auch der Christus, nachdem er **einmal** geopfert worden ist, um vieler Sünden zu tragen, zum zweiten Mal denen, die ihn erwarten, ohne Sünde erscheinen zur Seligkeit.

Nachdem der Fels einmal geschlagen wurde, gibt Er aus Seiner Fülle „und zwar Gnade um Gnade" (Joh 1,16), und das dann, wenn wir mit Ihm reden.

Wenn wir „**sela'**" lesen, liegt die Betonung auf der Handlung. „**Sela'**" zeigt uns, welcher Mittel man sich bediente oder wo oder wie und mit was einer Situation begegnet wurde.

Es wird häufig für den HERRN verwendet:

Psalm 18,3
Der Herr ist mein **Fels** und meine Burg[28] und mein Erretter[29].

Er gibt schützt, Er befreit, Er verteidigt, Er rettet.

Psalm 40,3
Er hat mich heraufgeführt aus der Grube des Verderbens, aus kotigem Schlamm; und er hat meine Füße auf einen **Felsen** gestellt, meine Schritte befestigt.

Er führt herauf, Er stellt hin, Er befestigt die Schritte.

5. Mose 32,12-14
So leitete ihn der HERR allein, und kein fremder Gott war mit ihm. Er ließ ihn (Juda) umherfahren auf den Höhen der Erde, und er (Juda) aß den Ertrag des Feldes; und er (der HERR) ließ ihn Honig[30] saugen aus dem **Felsen**.

---

[28] Hebräisch *mâtsûd* = Burg, Verteidigung, Festung, starker Halt, gejagt werden, Netz, Schlinge, Garn, Beute, Spitze.

[29] Hebräisch *pâlaṭ* = „befreien, retten, entkommen.

[30] Hebräisch *debash* = Honig ist der Inbegriff der Süße. Hier für Gottes umfängliche und wunderbare Fürsorge; „saugen" deutet auf Überfluss hin. Symbolisch für Fruchtbarkeit des Lan-

Was Gott den Seinen gibt ist Segen aus Gnade und Barmherzigkeit, Er gibt im Überfluss. Er schenkt Wohlstand und auch einige irdischen Freuden. Mose ist voll Bewunderung des göttlichen Handelns: sein Tun, seine Vorsätze, Ratschlüsse und Gedanken, sein liebevolles Interesse an seinem Volk Israel und sein zärtliches Handeln mit ihm. Es entspricht Seinem Wesen: Liebe. Alles ist göttlich vollkommen.

> Amos 6,12-14
> Rennen wohl Pferde auf **Felsen**, oder pflügt man darauf mit Rindern, dass ihr das Recht in Gift und die Frucht der Gerechtigkeit in Wermut verwandelt habt, die ihr euch über Nichtiges freut, die ihr sprecht: Haben wir uns nicht durch unsere Stärke Hörner erworben?

Dieses so reich gesegnete Volk ergeht sich in Stolz und grenzenloser Selbstüberschätzung. So unsinnig es ist Pferde über Felsen rennen zu lassen oder mit Rindern dort zu pflügen, so unsinnig ist es dem HERRN zu widerstehen und Ihn zu verlassen.

Mit „Felsen" zusammengesetzte Begriffe (AT)

Kieselfelsen   *challâmîysh* und *tsûr*
> 5. Mose 8,15
> Der HERR[31], dein Gott[32] ... der dich wandern ließ in der großen und schrecklichen Wüste, ... und Dürre, wo kein Wasser ist; der dir Wasser aus dem **Kieselfelsen** hervorbrachte.

Kieselfelsen   *challâmîysh* und *tsûr*
> 5. Mose 32,13
> Er ließ ihn umherfahren auf den Höhen der Erde, und er[33] aß den Ertrag des Feldes; ... und Öl aus dem **Kieselfelsen**[34];

---

des, Wohlstand, Vergnügen, Freude, das, was von Natur aus süß ist, wohlangenehm, wohlgefällig im täglichen Leben. Doch Vorsicht!: Spr 25,16.27; Rö 12,2; 1. Joh 2,15.

[31] Hebräisch *yehôvâh*.

[32] Hebräisch *'ëlôhîym*

[33] Israel.

28

Kieselfelsen   *challâmîysh* und *tsûr*

> Psalm 114,7-8
>
> Erbebe vor dem Herrn[35], du Erde, vor dem Gott[36] Jakobs, der den
> ... **Kieselfelsen** in eine Wasserquelle verwandelte!

Kiesel   *tsâr*

> Jesaja 5,26.28
>
> Und er wird ein Panier erheben den fernen Nationen, und eine
> wird er herbeizischen vom Ende der Erde; und siehe, eilends,
> schnell wird sie kommen. ... Die Hufe ihrer Pferde sind **Kieseln**
> gleich zu achten.

Kieselstein   *challâmîysh*

> Jesaja 50,7
>
> Aber der Herr[37], HERR[30], hilft mir; darum bin ich nicht zuschanden
> geworden, darum machte ich mein Angesicht wie einen **Kiesel-**
> **stein** und wusste, dass ich nicht würde beschämt werden.

Hartes Gestein *challâmîysh*

> Hiob 28,9
>
> Er (der Mensch) legt seine Hand an das **harte Gestein**, wühlt die
> Berge um von der Wurzel aus.

challâmîysh

Die Wortwurzel des Hebräischen „*challâmîysh*" hat die Bedeutung von
„hart sein".

---

[34] Öl aus dem Kieselfelsen steht bildhaft für den Geist des HERRN, durch den Er durch Propheten zu dem Volk reden wird.

[35] Hebräisch *'âdôn* ; Gott, Herr, Meister. Das Wurzelwort bedeutet „herrschen". Ausdruck von Ehrerbietung. In Bezug auf Gott betont es seine Stellung als oberster Herrscher mit höchster Autorität und Kontrolle über das Universum und denjenigen, dem alle Treue gebührt.

[36] Hebräisch *'ĕlôahh* ist wahrscheinlich eine Erweiterung bzw. Hervorhebung von *'êl* . Seine Verwendung ist oft kontextabhängig und konzentriert sich auf die Eigenschaften und Handlungen Gottes: Allmacht, Allwissenheit und Allgegenwart.

[37] Hebräisch *'ădônây* ist eine Pluralform, ist abgeleitet von *'âdôn*. Wird als Titel verwendet.

Das Wort leitet sich von „châlam" ab, was rd. 25-mal mit Träumen übersetzt wird; auch „gesund sein, stark sein", im Sinn einer gewissen Robustheit. „Châlam" dient als „Kanal", als ein Mittel um göttliche Botschaften und Erkenntnisse kundzutun.

„Challâmîysh" steht für Festigkeit, Unnachgiebigkeit im Sinn von Stärke, Beständigkeit, Widerstandsfähigkeit, Unzerstörbarkeit und bringt das in Verbindung mit der göttlichen Vorsehung, Er ist die handelnde Person.

Gottes Wille war, den harten Fels zur Quelle zu machen; Gottes Wille war Lebenserhaltung zu gewährleisten, reichlich für Gesundheit und Erquickung aus dem harten Stein hervorzubringen, Er gibt, Er segnet.

Er überwindet jede Härte, wie hier die Widerstandsfähigkeit Seiner Schöpfung zum Wohl Seines Volkes. Diese Fähigkeit hat er auch dem Menschen in sehr reduziertem Maß gegeben (Hi 28,9 = harter Fels muss im Bergbau überwunden werden).

tsâr

Das hebräische Wort „tsâr" was nur in Jesaja 5,28 mit „Kiesel" übersetzt ist, meint „Enge, einen engen Ort, fest sein, einen Kiesel(stein), einen Gegner, Bedränger, Bedrängnis, Feind, Widersacher, Angst haben, Drangsal, Ärger"; in seiner vielseitigen Bedeutung kommt es rd. 110-mal im AT vor.

Der Begriff wird oft symbolisch verwendet um innere oder äußere Kämpfe darzustellen und spiegelt das weite Thema wider, in Schwierigkeiten Hilfe bei Gott zu suchen.

Das Wort leitet sich von „tsârar" ab, das bedeutet „in Bedrängnis sein, Widersacher, Feindseligkeit, ängstigen, befeinden, (zu)binden, fesseln, eng sein, in Not sein, in Schwierigkeiten sein, belagern" ab.

„Felsen" im NT

laxeutos

Lukas 23,50.52-53
Joseph, der ein Ratsherr war, ein guter und gerechter Mann, …
ging hin zu Pilatus und bat um den Leib Jesu. Und als er ihn ab-
genommen hatte, wickelte er ihn in feine Leinwand und legte ihn
in eine **in Felsen gehauene** Gruft, wo noch nie jemand gelegen
hatte.

Das griechische Wort **λαξευτός** (transkribiert *laxeutos*) bedeutet „aus
Stein geschnitten" oder „aus Stein gehauen". Es ist eine Zusammensetzung der Worte *„lâs"*, (Stein) und *„xēros"*, (verdorren, vertrocknet,
dürr; das Trockene; in seiner ursprünglichen Bedeutung von „schaben"
= z.B. bei Einbalsamierung).

Diese Zusammensetzung beschreibt eine von Menschen geschlagene
Grabkammer in einem Felsen. Das Wort kommt nur einmal vor.

Pétros

Das griechische Wort **Πέτρος** (transkribiert *Pétros*, latinisiert *Petrus*)
ist ein Stein wie beispielsweise ein Stück losgelöst von einem Felsen.
„Pétros" meint immer einen Stein wie ihn ein Mensch werfen kann, ist
aber größer als *„lithos"*, was irgendeinen kleinen Stein beschreibt.

Der Name hat 161 Vorkommnisse und einmal wird er mit *„Stein"* übersetzt.

Abgeleitet wurde *„petros"* von dem griechischen Wort *„petra"*, was
„Fels" bedeutet.

Von der ersten Begegnung, die Petrus mit dem Messias hatte, lesen
wir in

Johannes 1,35-51

... Wir haben den Messias gefunden (was übersetzt ist: Christus). Und er führte ihn zu Jesus. Jesus blickte ihn an und sprach: *Du* bist Simon[38], der Sohn Jonas; du wirst **Kephas** heißen (was übersetzt wird: **Stein**).

Kēphâs

„*Kēphâs*" ist ein aramäischer Name der sich ableitet von „*kâphaph*". Das Ursprungswort ist aus dem Chaldäischen[39]. Die Namen „*Kēphâs*" und *Pétros*, (griechisch **Κηφᾶς** = latinisiert Petrus, d.h. „Stein") sind identisch.

Der Name entspricht dem Hebräischen „**kêph**" = „Stein" bzw. „Fels", das abgeleitet wurde von einer Wortwurzel mit der Bedeutung „aushöhlen" und auch „beugen, verbeugen, sich niederwerfen, biegen, krümmen".

„Kephas" hat 9 Vorkommnisse.

Seit Adam und Eva werden biblische Namen vergeben, um Autorität über andere auszudrücken oder um einen Neuanfang oder eine neue Richtung im Leben einer Person anzuzeigen. In Gottes Wort, besonders aber im AT, haben Namen immer eine Bedeutung; sie sind der Ausdruck des Wesens desjenigen, der diesen Namen trägt.

Überall in der Schrift, wo *Gott* einer Person einen neuen Namen gibt, wird betont, dass Er die Person in besonderer Weise an sich bindet, sie wird sozusagen Sein Sondereigentum.

1. Mose 17,5:	aus Abram (erhabener Vater) wird Abraham (Vater einer Menge).
1.Mose 17,15:	aus Sarai (Prinzessin, die Fürstliche) wird Sara (die Fürstin, die Herrin, die Herrschende).
1. Mose 32,29:	aus Jakob (Fersenhalter, Überlister; betrügen, überlisten) wird Israel (Kämpfer Gottes).

---

[38] D.h. „gehört, hörend, er hat gehört".
[39] Chaldäisch, aramäisch und hebräisch gehören zur semitischen Sprachfamilie.

2. Samuel 12,25:   aus Salomo (der Friedliche) wird Jedidjah (Geliebter des
                   HERRN).
Markus 3,17:   aus Jakobus (betrügen, überlisten; Fersenhalter) wird
                   Boanerges (Sohn des Donners; schnell zornig; schnell
                   ärgerlich).
Markus 3,17:   aus Johannes (der HERR ist gnädig) wird Boanerges
                   (Sohn des Donners; schnell zornig; schnell ärgerlich).
Johannes 1,42:   aus Simon (Erhörung) wird Kephas/Petrus (Stein)

Von den 12 berufenen Jüngern lesen wir nur von Petrus, dass er einen
neuen Namen bekommen hat. Durch die neue Namensgebung *Kēphâs*
= *Pétros* zeigt der Herr auch auf, dass er unter den Zwölfen eine besondere Stellung einnimmt: ein Stein aus dem Felsen, der Christus ist
(1.Kor 10,4). Diese besondere Stellung zeigt sich dann im Kreis der
Zwölf, als Jesus diese zu Seinen Aposteln machte:

> Matthäus 10,2
> Die Namen der zwölf Apostel aber sind diese: *der erste*, Simon,
> der Petrus genannt wird, …

Im griechischen Grundtext steht für „der erste" das Wort „prōtos". Es
wird benutzt, um einen Anführer, einen Leiter, zu bezeichnen. „Prōtos"
bedeutet: „der Erste, Einfluss, Ehre, der Wichtigste, der vorne steht,
führend".

Pétra

Das griechische Wort πέτρα (transkribiert *pétra*) bezeichnet eine
Masse zusammenhängenden Gesteins, einen festen natürlichen Fels,
der aus der Erde ragt, eine riesige Felsmasse. „Pétra" steht bildlich für
Stärke, Beständigkeit, unerschütterlich, ein festes Fundament, einen
festen Grund, auf dem man bauen und worauf man sich verlassen
kann.

Obwohl es für das griechische Wort keine direkte hebräische Entspre-
chung gibt, lässt sich der Begriff „pétra" mit dem hebräischen Wort
„tsûr" in Verbindung bringen.

Matthäus 16,15-19
Er spricht zu ihnen: Ihr aber, wer sagt ihr, dass ich sei?
Simon Petrus aber antwortete und sprach:
Du bist der Christus, der Sohn des lebendigen Gottes.
Und Jesus antwortete und sprach zu ihm:
Glückselig bist du, Simon, Bar Jona; denn
Fleisch und Blut haben es dir nicht offenbart, sondern
mein Vater, der in den Himmeln ist.
Aber auch *ich* sage dir:
Du bist Petrus (*petros*); und auf diesen **Felsen** (*pétra*)
will ich meine Versammlung[40] bauen,
und des Hades Pforten werden sie nicht überwältigen.

Christus offenbart Seinen Jüngern eine neue Haushaltung, die der
Gnade und Wahrheit. „Ich will meine Versammlung bauen", „die Versammlung des lebendigen Gottes, die der Pfeiler und die Grundfeste der Wahrheit"
sein wird," (1. Tim 3,15).

1. Korintherbrief 3,11
Denn einen anderen Grund kann niemand legen, außer dem, der
gelegt ist, welcher ist Jesus Christus.

Jesus Christus allein ist der feste, unerschütterliche „Felsengrund" auf
den *Er* – und sonst niemand – baut und nichts und niemand wird Ihn
und Sein Werk überwältigen.

1. Korintherbrief 10,4
und alle (das Volk Israel) denselben geistlichen Trank tranken;
denn sie tranken aus einem geistlichen **Felsen**[41], der sie begleitete. (Der **Fels** (*pétra*) aber war der Christus).

Psalm 36,10
Bei dir ist die Quelle des Lebens.

Johannes 4,14
Jeder, der von dem Wasser trinken wird, das *ich* ihm geben werde, den wird *nicht* dürsten in Ewigkeit; sondern das Wasser, das

---

[40] Griechisch „*ekklēsia*", (oder Gemeinde).
[41] 2. Mose 17,1-7: „*tsûr*".

Christus ist die wahre Lebensquelle, welcher den Seinen geistliche Nahrung zur Erquickung und zum Wachsen in der Erkenntnis Seines wunderbaren Namens gibt. Er ist der „Erhalter des Lebens" (1. Mo 41,45), Er ist „ein Erhalter aller Menschen, besonders der Gläubigen" (1. Tim 4,10).

Die Verwendung von „*pétra*" unterstreicht die Bedeutung eines festen Glaubensfundaments und der beständigen Kraft, die allein in Christus liegt. Es dient als starke bildliche Darstellung für die Verlässlichkeit und Beständigkeit der Verheißungen Gottes und des Fundaments Seiner Versammlung, der „*ekklēsia*".

„*Pétra*" wird 16-mal genannt. Erstmalig in der bekannten Stelle in

Matthäus 7,24-25
Jeder nun, der irgend diese meine Worte[42] hört[43] und sie tut[44], den werde ich einem klugen Mann vergleichen, der sein Haus auf den **Felsen** baute; und der Platzregen fiel herab, und die Ströme kamen, und die Winde wehten und stürmten gegen jenes Haus; und es fiel nicht, denn es war auf den **Felsen** gegründet.

Es handelt sich hier um die letzten Lehrworte des Herrn Jesus am Ende Seiner Bergpredigt. Und sie sind grundlegend und generell: auf dem Felsen, auf Ihn allein, kann nur gebaut werden wer aufmerksam zuhört was das Wort, der „*logos*", sagt und klug genug ist, es dann auch umzusetzen und zu tun.

---

[42] „Worte" = „*logos*" = mit Blick auf den Herrn Jesus wird „*logos*" personifiziert: *Er* ist „das Wort", (Joh 1,1.14), d.h. wahrhaftig, überzeugend, in sich nie widersprüchlich.
„*Logos*" steht unauflöslich fest: „Meine Worte aber werden nicht vergehen" (Mt 24,35; Mk 13,31; Lk 21,33) und „*logos*" ist Sein Name (Off 19,13).
[43] „hört" = „*akouō*" = Hören, zuhören, verstehen, d.h. den Sinn des Gesagten erfassen, darüber nachdenken und begreifen.
„*Akouō*" betont die Bedeutung Gottes Stimme zu hören im Zusammenhang mit Glauben und Gehorsam, betont, der Lehre und dem Lehrer Gehör zu schenken (vgl. Röm 10,17).
[44] „tut" = „*poieō*" = d.h. „Erfüllung der göttlichen Gebote". Aber auch Er „machte, berief, bestellte" (Mk 3,14).

Die letzten 2 Vorkommnisse von „*Pétra*" finden wir in

> 1. Petrusbrief 2,6-8, (Rö 9,33)
> den Ungehorsamen aber: ... „ein Stein des Anstoßes und ein **Fels**[45] des Ärgernisses", die sich, da sie nicht gehorsam sind, an dem Wort stoßen, wozu sie auch gesetzt worden sind.

Welche dem Wort Gottes nicht glauben und meinen aus eigenem Vermögen von Gott als Gerechte angenommen zu sein, die irren um den „Preis ihrer Seelen" (Jer 42,20-22). Ihr Ungehorsam, ihre Auflehnung und Ablehnung gegen Gott und Sein Wort, ihr Hochmut und ihre Selbstgerechtigkeit wird ihnen zum Fallstrick werden, sie „rennen ins Geschoss" (Hi 33,18; 36,12). Glaubensgerechtigkeit kann nur durch den Glaubensgehorsam erreicht werden, und der Glaube ist eine Gnadengabe Gottes jedem, der wahrhaft es sich erbittet und bei Ihm danach sucht.

> Offenbarung 6,15-17
> Und die Könige der Erde und die Großen und die Obersten und die Reichen und die Starken und jeder Knecht und Freie verbargen sich in die Höhlen und in die **Felsen** der Berge; und sie sagen zu den Bergen und zu den **Felsen**: Fallt auf uns und verbergt uns vor dem Angesicht dessen, der auf dem Thron sitzt, und vor dem Zorn des Lammes; denn gekommen ist der große Tag seines Zorns, und wer vermag zu bestehen?

Der unbußfertige Sünder erträgt nicht und fürchtet die Gegenwart Gottes. Das war schon am Anfang so, seit Adam und Eva (1. Mo 3,8-10). Die richterliche Herrlichkeit Gottes, des „Lammes" ist furchterregend:

> Offenbarung 1,14; 2,18; 19,12-13,15-16
> „Augen wie eine Feuerflamme", „Füße gleich glänzendem Kupfer, als glühten sie im Ofen", „aus seinem Mund ging hervor ein scharfes, zweischneidiges Schwert, und sein Angesicht war, wie die Sonne leuchtet in ihrer Kraft", „auf seinem Haupt sind viele Diademe, und er trägt einen Namen geschrieben, den niemand kennt als nur er selbst; und er ist bekleidet mit einem in Blut ge-

---

[45] Zitiert aus Jesaja 8,14, dort „*tsûr*".

tauchten Gewand, und sein Name heißt: das Wort Gottes"[46]. ...
Und aus seinem Mund geht hervor ein scharfes [zweischneidiges] Schwert", damit *er* damit die Nationen schlage; und *er* wird
sie weiden mit eiserner Rute, und er tritt die Kelter des Weines
des Grimmes des Zorns Gottes, des Allmächtigen. Und er trägt
auf seinem Gewand und auf seiner Hüfte einen Namen geschrieben: König der Könige und Herr der Herren

Der Zorn Gottes entlädt sich in dem gerechten Gericht, weil durch Mörderhand der einzig unschuldige Mensch, der Sündenträger fremder
Schuld, der Herr Jesus Christus, an das Fluchholz auf Golgatha genagelt wurde – und Er starb.

Johannes 5,22
Das ganze Gericht hat Gott, der Vater, dem Sohn gegeben, dem
Herrn Jesus Christus.

1. Korinther 15,3-5
Christus ist für unsere Sünden gestorben nach den Schriften;
und er wurde begraben und er ist auferweckt worden am dritten
Tag nach den Schriften;

2. Korinther 5,21
Den, der Sünde nicht kannte, hat er für uns zur Sünde gemacht,
damit wir Gottes Gerechtigkeit würden in ihm.

1. Petrus 3,18
Christus hat einmal für Sünden gelitten, der Gerechte für die Ungerechten.

Jesaja 53,2-12
Er hatte keine Gestalt und keine Pracht; und als wir ihn sahen,
da hatte er kein Ansehen, dass wir seiner begehrt hätten. Er war
verachtet und verlassen von den Menschen, ein Mann der
Schmerzen und mit Leiden vertraut, und wie einer, vor dem man
das Angesicht verbirgt; er war verachtet, und wir haben ihn für
nichts geachtet.

---

[46] Griechisch *„logos theos"*

… um unserer Übertretungen willen war er verwundet, um unserer Ungerechtigkeiten willen zerschlagen. Die Strafe zu unserem Frieden lag auf ihm, und durch seine Striemen ist uns Heilung geworden. … der HERR hat ihn treffen lassen unser aller Ungerechtigkeit.

Er wurde misshandelt, aber er beugte sich und tat seinen Mund nicht auf, wie das Lamm, das zur Schlachtung geführt wird, und wie ein Schaf, das stumm ist vor seinen Scherern; und er tat seinen Mund nicht auf. – Er ist weggenommen worden aus der Angst und aus dem Gericht. … Denn er wurde abgeschnitten aus dem Land der Lebendigen: wegen der Übertretung meines Volkes hat ihn Strafe getroffen. Und man hat sein Grab bei Gottlosen bestimmt; aber bei einem Reichen ist er gewesen in seinem Tod, weil er kein Unrecht begangen hat und kein Trug in seinem Mund gewesen ist.

Doch dem HERRN gefiel es, ihn zu zerschlagen, er hat ihn leiden lassen. … er hat seine Seele ausgeschüttet in den Tod und er ist den Übertretern beigezählt worden; *er* aber hat die Sünde vieler getragen und für die Übertreter Fürbitte getan.

Dieses „Lamm Gottes", der Mensch Jesus Christus richtet in Gerechtigkeit „und dann wird das Ende kommen" (Mt 24,14).

1. Korinther 15,20.24–28

Nun aber ist Christus aus den Toten auferweckt, der Erstling der Entschlafenen; … dann das Ende, wenn er das Reich dem Gott und Vater übergibt, wenn er weggetan haben wird alle Herrschaft und alle Gewalt und Macht. Denn er muss herrschen, bis er alle Feinde unter seine Füße gelegt hat. Der letzte Feind, der weggetan wird, ist der Tod. „Denn alles hat er seinen Füßen unterworfen." Wenn er aber sagt, dass alles unterworfen sei, so ist es offenbar, dass der ausgenommen ist, der ihm alles unterworfen hat. Wenn ihm aber alles unterworfen sein wird, dann wird auch der Sohn selbst dem unterworfen sein, der ihm alles unterworfen hat, damit Gott alles in allem sei.

Mit „*Eckstein*" zusammengesetzte Begriffe (AT)

pinnâh'eben

Das aus „*pinnâh*" und „*'eben*" zusammengesetzte Wort **Eckstein** finden wir insgesamt dreimal, (ohne direkten Gottesbezug in Jer 51,26) mit Gottesbezug zweimal in

> Hiob 38,1.4-7
> Und der HERR antwortete Hiob aus dem Sturm und sprach: … Wo warst du, als ich die Erde gründete? Tu es kund, wenn du Einsicht besitzt! Wer hat ihre Maße bestimmt, wenn du es weißt? Oder wer hat über sie die Messschnur gezogen? In was wurden ihre Grundfesten eingesenkt? Oder wer hat ihren **Eckstein** gelegt, als die Morgensterne miteinander jubelten und alle Söhne Gottes jauchzten?

> Jesaja 28,16
> Darum, so spricht der Herr, HERR: Siehe, ich gründe[47] einen Stein in Zion, einen bewährten Stein, einen kostbaren[48] **Eckstein**, aufs Festeste gegründet[49]; wer glaubt, wird nicht ängstlich eilen.

rô'shpinnâh

Das aus „*rô'sh*" und „*pinnâh*" zusammengesetzte Wort **Eckstein** finden wir nur einmal.

---

[47] Eig. Siehe, ich bin der, der gegründet hat

[48] Hebräisch yâqâr = wertvoll, selten, prächtig, gewichtig, geschätzt; zielt auf die inneren Werte und Ehre ab.

[49] Eig. gegründetster Gründung

Psalm 118,22-24

Der Stein[50], den die Bauleute verworfen haben, ist zum **Eckstein**[51] geworden[52].

Von dem HERRN ist dies geschehen; wunderbar ist es in unseren Augen.

Dies ist der Tag, den der HERR gemacht hat; frohlocken wir und freuen wir uns in ihm.

pinnâh

Das hebräische Wort פנה (transkribiert *pinnâh*) wird mit „Ecke", „Haupt" und „Zinne" übersetzt.

Es leitet sich von einem Wort ab mit der Bedeutung „drehen, abbiegen, ein Winkel" und es weist hin auf einen Gipfel, eine Spitze, einen Führer.

Es ist ein vielseitiger Begriff in verschiedenen Kontexten, der sowohl im wörtlichen eine physische Struktur beschreibt als auch bildlich Führungspersönlichkeiten bezeichnet. Es gibt 29 Vorkommnisse.

Sacharja 10,3-4

Der HERR der Heerscharen wird sich seiner Herde, des Hauses Juda, annehmen und sie machen wie sein Prachtross im Kampf. Von ihm[53] kommt der **Eckstein**.

'eben

Das hebräische Wort אבן (transkribiert *'eben*) wird mit „Stein", „Gewicht" und „Senkblei" übersetzt.

---

[50] Stein = „*'eben*".
[51] Wörtl. **Haupt der Ecke**, d.h. Eck- und Hauptstein; ein Ausdruck, der nur hier vorkommt
[52] Zitiert in Mt 21,42; Mk 12,10; Lk 20,17; 1. Pet 2,7)
[53] d.i. von Juda

Es leitet sich ab einem Wort mit der Bedeutung „bauen".

Es ist ein sehr vielseitiger Begriff in verschiedenen Kontexten, der sowohl physische als auch geistliche Wahrheiten symbolisiert, es gibt 273 Vorkommnisse.

> 1. Mose 28,11-22
> Und er gelangte an einen Ort und übernachtete dort; denn die Sonne war untergegangen. Und er nahm einen von den **Steinen** des Ortes und legte ihn zu seinen Häupten und legte sich nieder an diesem Ort. ... Und Jakob stand frühmorgens auf und nahm den **Stein**, den er zu seinen Häupten gelegt hatte, und stellte ihn auf als Denkmal und goss Öl auf seine Spitze. ... Und dieser **Stein**, den ich als Denkmal aufgestellt habe, soll ein Haus Gottes sein; und von allem, was du mir geben wirst, werde ich dir gewisslich den Zehnten geben.

rô'sh

Das hebräische Wort ראש (transkribiert *rô'sh*) wird mit „Haupt", „Kopf, Anführer, Gipfel, Spitze, Summe, Anfang" übersetzt.

Es leitet sich von einem Wort ab, das wohl „schütteln" bedeutet. Es hat 600 Vorkommnisse.

„Rô'sh" hat körperlichen, geographische und bildlichen Bezug und symbolisiert Autorität und höchsten Rang.

> 1. Mose 48,14.17
> Und Israel streckte seine Rechte aus und legte sie auf das **Haupt** Ephraims – er war aber der Jüngere – und seine Linke auf das **Haupt** Manasses; er legte seine Hände absichtlich so, denn Manasse war der Erstgeborene.
> Und als Joseph sah, dass sein Vater seine rechte Hand auf das **Haupt** Ephraims legte, war es übel in seinen Augen; und er fasste seines Vaters Hand, um sie von dem **Haupt** Ephraims wegzutun auf das **Haupt** Manasses. Und Joseph sprach zu seinem Vater: Nicht so, mein Vater! Denn dieser ist der Erstgeborene; lege

deine Rechte auf sein Haupt. Aber sein Vater weigerte sich und sprach: Ich weiß es, mein Sohn, ich weiß es.

Mit „*Eckstein*" zusammengesetzte Begriffe (NT)

kephalēgōnia

Das aus dem Griechischen aus **κεφαλή** (transkribiert „*kephalē*") und **γωνία** (transkribiert „*gōnia*") zusammengesetzte Wort finden wir 5-mal im NT und all diese Bibelstellen zitieren Psalm 118, 22-23; (Mk 12,10; Lk 20,17; Apg 4,11; 1. Pet 2,7).
In diesen 5 Bibelstellen heißt es wörtlich: „*kephalēgōnia*", d.h. **„Haupt der Ecke"**.

> Matthäus 21,42
> Jesus spricht zu ihnen: Habt ihr nie in den Schriften gelesen: „Der Stein[54], den die Bauleute verworfen haben, dieser ist zum **Eckstein** geworden; von dem Herrn her ist er dies geworden, und er ist wunderbar in unseren Augen"?

kephalē

Das griechische Wort **κεφαλή** (transkribiert *kephalē*) wird mit „Haupt", „Kopf" übersetzt. Es leitet sich von einem Wort ab, das „begreifen" und „ergreifen" bedeutet.

„*Kephalē*" bezeichnet ein Oberhaupt das führt und Autorität hat. Symbolisch kann es auch „Quelle" oder „Ursprung" bedeuten.

Es hat 76 Vorkommmnisse.

---

[54] Stein = „*lithos*". (s.a. S.45).

Matthäus 8,20
Und Jesus spricht zu ihm: Die Füchse haben Höhlen, und die Vögel des Himmels Nester, aber der Sohn des Menschen hat nicht, wo er das **Haupt** hinlege.

gōnia

Das griechische Wort **γωνία** (transkribiert _gōnia_) kommt für sich allein viermal vor; es wird dreimal mit „Ecke" übersetzt und einmal mit „Winkel".

Es leitet sich von einem Wort ab das „Knie" bzw. „niederknien" meint und wird mit Gebet und Ehrfurcht, mit Demut und Unterwerfung in Verbindung gebracht.

Allein für sich hat das Wort keinen direkten Gottesbezug (Mt 6,5; Off 7,1; 20,8. Apg 26,26).

akrongōniaios

Das aus **ἄκρον** (transkribiert _akron_) und „_gōnia_" zusammengesetzte Wort für Eckstein ist **ἀκρογωνιαῖος** (transkribiert _akrogōniaios_). Es wird nur einmal benutzt in

Epheser 2,19-22
Also seid ihr (die Gläubigen aus den Nationen) denn nicht mehr Fremde und ohne Bürgerrecht, sondern ihr seid Mitbürger der Heiligen und Hausgenossen Gottes, aufgebaut auf der Grundlage der Apostel und Propheten, indem Jesus Christus selbst **Eckstein** ist, in dem der ganze Bau, wohl zusammengefügt, wächst zu einem heiligen Tempel im Herrn, in dem auch _ihr_ mitaufgebaut werdet zu einer Behausung Gottes im Geist.

„*Akrogōniaios*" der Eckstein ist an der äußersten Ecke platziert, der Eckgrundstein, die Hauptecke und auch der Schlussstein.

Der Eckstein legt die Ausrichtung fest,
der Schlussstein gewährt die Stabilität.

Wie der Eckstein zwei Wände zusammenhält und die Ausrichtung festlegt, so fügt Christus die ehemals Juden und Heiden als Christen zu einem Leib für sich selbst zusammen, und mit Ihm als der „Schlussstein" wird der ganze „Bau" zusammengehalten, das „Haus" ist geistlicherweise vollendet.

Christus allein ist Herr im Haus Gottes, ist Herr an Seinem Tisch und Er ist das Haupt Seines Leibes, die Versammlung, und Er ist Herr über jeden der Seinen.

akron

ἄκρον (transkribiert *akron*) wird mit viermal mit „Ende" und 2-mal mit „Spitze" übersetzt (Mt 24,31; Mk 13,27; Lk 16,24; Heb 11,21). Es bedeutet „hoch, höchstes, extrem, Spitze, Gipfel, Höhe"; „das Oberste, das äußerste Ende".

Hebräer 11,21
Durch Glauben segnete Jakob sterbend jeden der Söhne Josephs und betete an über der **Spitze** seines Stabes

akrogōniaioslithos

Ein weiteres Wort für Eckstein setzt sich aus dem zusammengesetzten „*akrogōniaios*" und dem griechischen **λίθος** (transkribiert *lithos*) zusammen.

„*Akrogōniaioslithos*" wird nur einmal benutzt in

> 1. Petrus 2,6
> Denn es ist in der Schrift enthalten: „Siehe, ich lege in Zion einen **Eckstein** („*akrogōniaios*" und „*lithos*"), einen auserwählten, kostbaren; und wer an ihn glaubt, wird *nicht* zuschanden werden."

lithos

„*Lithos*" ist ein sog. Urwort. Es sind einfache kleinere Steine, die beim Bauen gebraucht wurden oder, in eine bestimmte Form geschlagen, als Werkzeuge Verwendung fanden. Als ein gewöhnlicher Stein wurde er geworfen oder als Mittel bei Steinigungen benutzt.

Das Wort hat 60 Vorkommnisse (s.a. S. 42, Mt 21,42, Fn 42).

Das hebräische Äquivalent ist „*'eben*".

> Johannes 8,7
> Wer von euch ohne Sünde ist, werfe zuerst den **Stein** auf sie.

akrogōniaioslithos

ist zusammengesetzt aus *akron* und *gōnia* und *lithos*.

Der Höchste kniet nieder und macht sich klein —. Das erinnert an Johannes 13: Der Sohn Gottes, der sich niederkniet und, einem Hausklaven gleich, Seinen Jüngern die Füße wäscht.

Mit „*akrogōniaioslithos*" zeigt uns Gott hier etwas sehr Köstliches, wunderbares: Der Höchste, der alles ausrichtet und zusammenhält macht sich eins mit den Kleinsten und gibt ihnen Leben, Leben im Überfluss!

> 1. Petrus 2,4-8
> Der Herr ist gütig. Zu welchem kommend, als zu einem lebendigen **Stein** („*lithos*"), von Menschen zwar verworfen, bei Gott aber

auserwählt, kostbar, werdet auch ihr selbst als lebendige **Steine** („*lithos*") aufgebaut, ein geistliches Haus, ein heiliges Priestertum, um darzubringen geistliche Schlachtopfer, Gott wohlannehmlich durch Jesus Christus. Denn es ist in der Schrift enthalten: „Siehe, ich lege in Zion einen **Eckstein** („*akrogōniaios*" und „*lithos*"), einen auserwählten, kostbaren; und wer an ihn glaubt, wird *nicht* zuschanden werden." Euch nun, die ihr glaubt, ist die Kostbarkeit; den Ungehorsamen aber: „Der **Stein** („*lithos*"), den die Bauleute verworfen haben, dieser ist zum Eckstein („*gōnia*" und „*kephalē*") geworden", und „ein **Stein** („*lithos*") des Anstoßes und ein **Fels** („*pétra*") des Ärgernisses", die sich, da sie nicht gehorsam sind, an dem Wort stoßen, wozu sie auch gesetzt worden sind.

<u>Wer ist dieser eine „*lithos*"?, und wer die vielen „*lithos*"?</u>

Der erstgenannte „*lithos*" ist der auferstandene Herr, Jesus Christus, der Sohn Gottes. Das griechische „Herr" ist **κύριος** (transkribiert *kurios*), es hat 722 Vorkommnisse. Es bezeichnet einen Besitzenden mit Entscheidungsgewalt. „*Kurios*" leitet sich von einem Wort ab, das Vorherrschaft und höchste Autorität bedeutet. Das Wort ist ein Ehrentitel, der Respekt und Ehrerbietung ausdrückt und erwartet.

Wer sind diese, die zu dem „auserwählt kostbaren Stein" („*lithos*") kommen sollen? Es sind diese kleinen „lebendigen Steine" („*lithos*"). Ihnen „ist die Kostbarkeit" gegeben: sie sollen als das „geistliche Haus" Gottes aufgebaut werden und „Gott wohlannehmlich dienen durch Jesus Christus".

„Lebendig" = griechisch *zaō* = bedeutet grundsätzlich nicht mehr tot, sondern lebendig sein (Eph 2,1.5). Es vermittelt ein lebendiges und erfülltes Leben, oft in Verbindung mit dem Leben das von Gott kommt. Es weist hier deutlich auf Christus hin, der „das Leben ist" (Joh 14,6) und durch Ihn und in Ihm haben die Gläubigen „Leben und haben es in Überfluss", das meint ewiges Leben (Joh 10,10). Und damit vermittelt es die Gewissheit der Auferstehung bzw. Entrückung und der ewigen Gemeinschaft bei Gott, unserem Herrn.

„Auserwählt" = griechisch *eklektos* = meint eine zutiefst persönliche Wahl. *„Eklektos"* meint allein Gottes Auswahl, es spiegelt Seine Souveränität wider. Das Wort weist hin auf „hervorragend, der Beste seiner Art".

„Kostbar" = griechisch *entimos* = bedeutet auch „Wertschätzung, geehrt sein, hochgeschätzt, wertvoll". Hier spricht *„entimos"* die inneren Werte des Herrn Jesus an, der „von Menschen zwar verworfen" wurde, bei Gott aber höchstes Ansehen, allerhöchste Wertschätzung hatte.

„Kostbarkeit" = griechisch *timē* = ist ein Zeichen des Respekts und der Ehre; meint eine individuelle Bewertung, Wertschätzung im höchsten Maß, Ehre die jemandem zusteht, Ehrerbietung, Verehrung.

Der Ausdruck „lebendige Steine" ist metaphorisch und meint die Versammlung des lebendigen Gottes; das griechische Wort hierfür ist *„ekklēsia"*.

Die Versammlung des lebendigen Gottes[55]

Zu den Grundwahrheiten, wie wir sie aus der Heiligen Schrift mit fester Überzeugung verstehen, gehören:

1. Die Inspiration der Bibel als das Wort Gottes;
2. Die Göttlichkeit von Vater, Sohn und Heiliger Geist;
3. Die Gottheit und Menschheit des Herrn Jesus Christus;
4. Die Auferstehung und Verherrlichung des Herrn;
5. Die Gegenwart des Heiligen Geistes auf der Erde;
6. Die Wiederkunft des Christus gemäß Seiner Verheißung;
7. Das Werk der Erlösung durch die Sühnetat des Herrn.

Das ist die generelle, unverrückbare Glaubensgrundlage all derer, die „von neuem geboren" sind (Joh 3,7) und die aufgrund dessen in der

---

[55] „Der lebendige Gott" = 15-mal im AT; 14-mal im NT.

Wiedergeburt[56] leben; es sind Jünger Jesu, die Kinder Gottes. Das weltweite Kollektiv dieser bildet die ἐκκλησία (transkribiert „ekklēsia"), die Versammlung des lebendigen Gottes.

Das hebräische Äquivalent ist קהל (transkribiert „qâhâl "). Das Wort wird 123-mal verwendet für gottesdienstliche Versammlungen der Israeliten und für zivile oder militärische Einberufungen.

Die Gemeinde wahrer gläubiger Christen, solcher, wie sie die Bibel kennt und anerkennt, werden als „Versammlung"[57] bezeichnet. Die Übersetzung mit „Kirche" oder „Gemeinde" trifft nicht den Charakter, die tiefe Bedeutung des Wortes.

Das griechische Wort – tatsächlich sind es zwei Worte – für Versammlung ist „ek-klesia": *„Ek"* bedeutet „aus, heraus von und zu, weg von" und *„kaléō"* „ich rufe, berufen, herbei-, zurück- und anrufen". Das Wort bedeutet also „die Herausgenommene, die Berufene" oder am korrektesten „die Herausgerufene" mit der Betonung auf „Gerufene"[58].

Dasselbe Wort „ekklesia" finden wir auch in Apostelgeschichte 7,38: Stephanus spricht hier von Israel in der Wüste; und in Kapitel 19,32 bezeichnet es eine bestimmte Volksversammlung in Ephesus.

Das heißt, dass „Versammlung" kein weiterer Name irgendeiner christlichen Gemeinschaft oder Mitgliedschaft ist, deren es heute leider so viele gibt. Die „christliche Versammlung" ist keine Denomination[59] sondern *„ekklēsia" bezeichnet einen speziellen Vorgang einer speziellen Gruppe von Menschen zu einem speziellen Anlass.* »[Wir] tragen in Wirklichkeit keinen Namen. ... Lediglich zur äußeren Kenntlichmachung der Versammlungssäle findet sich mancherorts die Aufschrift „christli-

---

[56] Griechisch = *paliggenesia* das Wort bezeichnet die Wiederherstellung in den ursprünglichen Zustand, also wohlannehmlich in der Gemeinschaft mit Gott sein, jetzt geistlich (Ti 3,5), später auch physisch (Mt 19,28).

[57] So sagt es der Herr selbst in Mt 16,18 (weltweite Einheit); 18,17 (örtliche Darstellung, Verwirklichung). Im NT wird „ekklesia" 114-mal genannt.

[58] Ausführlich nachzulesen in „Verborgene Schätze im griechischen Neuen Testament, G.C.Willis; Daniel-Verlag, Seite 25-29.

[59] Denomination = Benennung; von lat. „nomen" = Namen.
Anm.: Es macht aus diesem Grund Sinn, das Wort „christlich" konsequent kleingeschrieben als Adjektiv zu verwenden.

che Versammlung"«[60]. Die Versammlung ist keine Korporation[61], sie ist ein lebendiger geistlicher Körper. Sie ist keine Organisation[62].

„Ekklesia" ist ein einheitlicher Organismus in seiner Mannigfaltigkeit. Sie ist nicht ein Werk von Menschenhand; sie ist eine organische Neu-Schöpfung Gottes aus all denen, die „von neuem geboren[63]" sind. Die Versammlung ist aus dieser Welt (ihrem Zeitgeist und Treiben ohne Gott) hin zu Christus Jesus, ihrem Herrn gerufen worden „mit heiligem Ruf"[64]. Sie ist „herausgenommen worden aus der gegenwärtigen bösen Welt"[65], um Gott von Herzen im Werk und im Wort zu ehren. Sie ist der gegenwärtige Ort an welchem der Herr Jesus verheißen hat persönlich in der Mitte derer zu sein, die sich allein zu *Ihm* hin und in *Seinem* Namen versammeln, und „die den Herrn anrufen aus reinem Herzen"[66], und dass wir Ihn mit unseren natürlichen Augen nicht sehen, ändert nichts an Seiner Zusage. *Er* ist allein und in besonderer Weise an diesem Ort der Ausgangspunkt, Mittelpunkt und Ziel aller gottesdienstlicher Tätigkeit. Und in der Zeit (der Epoche oder Haushaltung[67]) der Gnade und Wahrheit ist das zu-Ihm-hin-Versammeltsein[68] allein das gegenwärtige Heiligtum, wo unser anbetungswürdiger Herr in dieser Ihm feindlichen Welt Ruhe finden und sich erfreuen möchte. — Das ist eine hoch erhabene Wahrheit, ein Bild vollkommener Absonderung für Gott. In Matthäus 18,20 sagt der der Herr Jesus: „... in ihrer Mitte". Dasselbe griechische Wort benutzt nur noch Lukas in 24,36: „in ihre Mitte".

Die Bibel nennt uns vier Anlässe, zu welchen sich die Kinder Gottes zu Ihm hin versammeln:

---

[60] Fritz von Kietzell, »Betrifft: "Christen ohne Sonderbekenntnis"«; 1935. (Die Brüderbewegung III; G.Jordy).

[61] Körperschaft zum Zweck gemeinschaftl. Aufgaben.

[62] Vereinigung zum planmäßigen Erreichen eines gemeinsamen Ziels.

[63] Joh 3,1-8, d.h. „aus Gott geboren" (Joh 1,13; im 1.Joh 8-mal), od. „von oben her" (Joh 3,3).

[64] 2. Tim 1,9.

[65] Gal 1,4; vgl. Joh 17,6.11.16.

[66] Mt 18,20; 2. Tim 2,22.
Gleichermaßen wahr ist, dass an allen anderen Orten, wo der Name des Herrn Jesus verkündet wird, der *Segen* Gottes ist, nicht aber die persönliche Gegenwart des Herrn (vgl. 4. Mo 11,24-29; Mk 9,38-40; Phil 1,15-18).

[67] Griech. „oikonomia" = „Verwaltung, Haushalt".

[68] Seit den Tagen der Pfingsten; Apg, Kap. 2.

Apostelgeschichte 2,42
Sie verharrten aber in der Lehre[69] der Apostel und in der Gemeinschaft[70], im Brechen des Brotes[71] und in den Gebeten[72].

„Glückselig sind, die nicht gesehen und doch geglaubt haben!"
(Johannes-Evangelium, Kapitel 20,29).

Die anschaulichen Bezeichnungen, die eine spezielle Eigenschaft der *„ekklēsia"* betonen, sind abschließend:

1. Die Versammlung (*ekklēsia*)	= Herausgerufen und abgesondert	
	Paulus	Gal 1,4
2. Die Kinder Gottes	= Herkunft, Abstammung	
	Paulus	Rö 8,16
3. Die Familie Gottes	= Vorrechte	
	Johannes	1. Joh
4. Die Glieder Seines Leibes	= Einheit	
	Paulus	1. Kor 12
5. Die himmlische Braut	= Liebe und Hingabe	
	Johannes	Off 19
6. Das Haus Gottes	= Verantwortung und Heiligkeit;	
	Paulus	1. u. 2. Tim
7. Der geistliche Tempel Gottes	= Anbetung	
	Paulus	1. Kor 3,16
8. Die Herde des guten Hirten	= Führen, Nähren und Pflegen	
	Johannes	Joh-Ev.
9. Der Leuchter	= Zeugnis	
	Johannes	Off 1
10. Die himmlische Stadt	= Verwaltung und Regierung	
	Johannes	Off 21

---

[69] Lehre der Apostel. Belehrung, Unterweisung und Verbreitung biblischer Wahrheiten.

[70] Mitteilen, Teilnahme. Das griech. Wort hat die Bedeutung von: was als Grundlage der *Gemeinschaft* als Einheit gemeinsam *geteilt wird.*

[71] Es spiegelt die Einheit und Verbundenheit wider, die die Gläubigen darstellen sollen, wenn sie zusammenkommen, um des Todes des Herrn zu gedenken und ihn zu verkünden, bis er wiederkommt (1. Kor 11,26).

[72] Das griech. Wort meint auch das private Gebet und einen Gebetsort. Das Gebet darbringen ist Ausdruck von Glauben, Abhängigkeit und Hingabe zu Gott.

Wie es die Bezeichnung „Versammlung Gottes" schon ausdrückt, ist „Versammlung" auf das engste und untrennbar mit der Person des dreieinen Gottes verbunden: Gott hat sie sich erworben durch das Blut Seines Sohnes, Christus hat sie geliebt und sich selbst für sie hingegeben und der Heilige Geist wohnt in ihr.[73]

Es ist jedesmal der achte Tag, an dem wir (d.h. Christen im Sinne der Heiligen Schrift) uns als Versammlung zu *Ihm* hin (in Seinem Namen, das bedeutet also unbedingt *ohne* menschliche Satzungen und Regeln) versammeln und uns, in geistlicher Verbundenheit mit allen lebenden Glaubenden weltweit, vor Gott als *ein* Leib darstellen, von welchem *Er*, Jesus Christus, das Haupt, das Haupt Seines Leibes ist[74].

Für uns, die Glaubenden der Gnadenzeit, hat der achte Tag eine besonders schöne Bedeutung: Jeder achte Tag[75] erinnert uns heute an die Auferstehung unseres Herrn und Heilandes aus den Toten und ist damit untrennbar verbunden an den Beginn einer geistlichen Neuschöpfung: „aus Gott geboren" durch den Glauben, auf der Grundlage der Gnade[76]. Es ist unser kalendarischer Sonntag, der erste Tag der Woche.

Der „erste Tag der Woche" wird im NT achtmal genannt[77] und aus Offenbarung 1,10 wissen wir, dass dieser Tag dem Herrn gehört[78]; an diesem Tag war der Apostel Johannes mit Herz und Sinn, wie er sagt „im Geist", mit dem Herrn beschäftigt und der verherrlichte Herr im Himmel offenbarte sich ihm.

An diesem Tag verkündigen wir den Tod des Herrn zu Seinem Gedächtnis, bis Er kommt[79]. Es ist der dem Herrn gehörende Tag, und es ist das dem Herrn gehörende Mahl. An diesem Tag und an diesem Ort und in dieser Handlung wird sichtbar, dass Christus und Seine Versammlung *ein* Leib

---

[73] Apg 20,28; Eph 5,2; 1.Kor 3,16 (örtliche Darstellung, Verwirklichung) u. Eph 2,22 (weltweite Einheit).

[74] Eph 1,10; 4,15; 5,23; Kol 1,18; (negativ in Kol 2,19.

[75] Der war auch im AT nicht unbekannt, sondern bedeutsam: „Der Tag nach dem Sabbat" (3.Mo 23,11.15.16).

[76] Eph 2,8.

[77] Mt 28,1; Mk 16,2.9; Lk 24,1; Joh 20,1.19; Apg 20,7; 1.Kor 16,2.

[78] „Des Herrn Tag", oder „der dem Herrn gehörende Tag", griech. „he kyriakè heméra", ist ein besonderer Ausdruck, der nur in Offenbarung 1,10 und in 1. Korinther 11,20 (dort in Verbindung mit dem Abendmahl) vorkommt (C.H.Macintosh).

[79] 1.Kor 11,23-26.

ist. „Bis er kommt", um uns in die himmlische Herrlichkeit des Vaterhauses heimzuholen: „Er ist des Leibes Heiland".

Der Apostel Paulus nennt das „unser *Versammeltwerden* zu Ihm hin" um dadurch „allezeit bei dem Herrn zu sein"[80]. Nur noch im Hebräer-Brief, Kapitel 10,25, wird dasselbe griechische Wort „*episunagōgē*" benutzt, es wird dort mit „*Zusammenkunft*" übersetzt. Es ist ein interessanter Ausdruck, denn es umfasst eine Form des Wortes „Synagoge", dem aber die Vorsilbe „epi" („darüber, oben, auf, bei, neben") vorangestellt ist. Beide Male spricht es von unserem Herrn Jesus Christus als dem Mittelpunkt des Zusammenkommens der Heiligen, in Hebräer 10 von unserem gegenwärtigen Vorrecht uns zu Seinem Namen in Versammlung (als Versammlung, Sein Leib) zu versammeln, während und solange wir auf jenes herrliche Ereignis warten, zu Ihm hin in die Herrlichkeit einzugehen. Wir sehen durch das inspirierte Bibelwort „*episunagōgē*" die engste Beziehung, das Untrennbare, zwischen den Zusammenkünften als Versammlung und der Ankunft unseres Herrn Jesus Christus und unserer Entrückung.

---

[80] 2.Thes 2,1; 1.Thes 4,17